Ключ до успіху в IT-менеджменті:
Посібник для початківців та досвідчених лідерів

"Ключ до успіху в IT-менеджменті: Посібник для початківців та досвідчених лідерів" представляє собою ідеальний ресурс як для новачків, так і для зазнавших бойове хрещення керівників у динамічному світі IT. Ця книга стане вашим надійним помічником, розкриваючи всі аспекти управління IT-проектами, від стратегічного планування до культивації інновацій та керування командами. Особлива увага приділяється подоланню типових перешкод на шляху молодих спеціалістів, які шукають свою першу роботу в IT, з докладними порадами щодо кожного кроку до успіху.

Ця книга слугує світлом в тунелі для тих, хто лише починає свій шлях в IT-менеджменті, надаючи практичні поради для подолання викликів і застосування здобутих знань на практиці. Вона надає ключові навички, необхідні для впевненого руху вперед у світі IT, забезпечуючи гладкий перехід від теорії до практики.

З іншого боку, досвідчені фахівці в галузі IT відкриють для себе нові стратегії для зростання та інновацій. Книга спонукає відійти від застарілих управлінських моделей, обіймати передові методи, які сприяють розвитку команди та креативності, а також підвищують шанси на успіх організації. Вона також включає цінні поради про те, як виборити місце в лідируючих технологічних фірмах, пройшовши через конкуренцію з впевненістю та обізнаністю.

Книга також занурюється у критичні компетенції та навички, які життєво необхідні для тривалого успіху в IT. Ви навчитесь ефективно приймати стратегічні рішення, розвивати культуру інновацій та керувати високопродуктивними командами, а також зрозумієте важливість адаптивності в постійно мінливому технологічному ландшафті.

Пронизана реальними історіями успіху, інтерв'ю з визнаними лідерами галузі та аналізом найсвіжіших трендів, "Ключ до успіху в IT-менеджменті" відкриває комплексний підхід до кар'єрного просування. Це не просто книга; це дороговказ, що малює деталізований маршрут до реалізації вашого професійного потенціалу, допомагаючи зробити істотний вклад у майбутнє технологій.

I0511805

Зміст

0. Про автора ст.3

1. Перші кроки в управлінні ІТ ст.4
   - 1.1 Розуміння ролі менеджера ІТ
   - 1.2 Навички, необхідні для успіху

2. Формування ефективних команд в ІТ ст.7
   - 2.1 Анатомія успішної ІТ-команди
   - 2.2 Лідерство в ІТ: Більше, ніж просто управління

3. Освоєння комунікації та співпраці ст.9

4. Інновації та лідерство у впровадженні змін ст.10
 - 4.1 Заохочення інновацій в управлінні ІТ
 - 4.2 Лідерство у впровадженні змін у ІТ-проектах

5. Стратегічне мислення та прийняття рішень ст.12
   - 5.1 Розвиток стратегічного мислення
   - 5.2 Ефективне прийняття рішень в ІТ

6. Розвиток стійкості та адаптивності ст.13
   - 6.1 Формування стійкості в ІТ-командах
   - 6.2 Втілення адаптивності як ключової компетенції

7. Сприяння інноваціям та постійному вдосконаленню ст.15
   - 7.1 Створення культури, спрямованої на інновації
   - 7.2 Впровадження процесів постійного вдосконалення

8. Керівництво високоефективними ІТ-командами ст.16
   - 8.1 Будівництво та підтримка високоефективних команд
   - 8.2 Розвиток талантів і професійне зростання

9. Масштабування ІТ-операцій для отримання інсайтів ст.18
   - 9.1 Сила аналітики даних
   - 9.2 Забезпечення якості та цілісності даних

10. Масштабування ІТ-операцій для зростання ст.18
   - 10.1 Стратегічне масштабування ІТ-інфраструктури
   - 10.2 Управління ризиками при масштабуванні

11. Висновок: Формування майбутнього управління ІТ ст.19

.....

Про автора

Олександр є яскравим прикладом того, як можна вирватися на вершини в IT-індустрії, почавши з абсолютного нуля. Його подорож від початківця без жодного досвіду до ключової фігури в одній з провідних IT-компаній слугує джерелом натхнення для багатьох. Борючись із звичайними складнощами на вході в сферу IT, Олександр не лише подолав їх, а й зібрав багатий арсенал знань і умінь, що стали основою його професійного росту. Його тяга до знань, витримка та здібність швидко навчатися дозволили йому стрімко піднятися по кар'єрних сходах, перейшовши шлях від початкових позицій до вершин управління великою IT-компанією.

Після того, як Олександр досягнув успіху, він вирішив, що його справжнє покликання - допомагати іншим досягати такого ж успіху в їх професійних кар'єрах. Він вибрав шлях кар'єрного консультанта та наставника для менеджерів високого рівня в IT-сфері, ділячись своїми знаннями та досвідом з тими, хто перебуває на різних стадіях свого професійного шляху.

Олександр особливо цінує можливість працювати з молодими фахівцями, які тільки розпочинають свою кар'єру в IT. Він невтомно допомагає їм вступити в IT-світ, надаючи підтримку не тільки в пошуку першої роботи, але й у розробці стратегії для подальшого професійного зростання. Він вірить, що кожен може досягти величі, якщо віднайде в собі силу долати труднощі та рухатися вперед до своєї мрії.

Його унікальною здібністю є вміння бачити потенціал у людях, навіть коли вони самі цього не розуміють. Олександр має талант виявляти та розвивати приховані таланти у своїх підопічних, спонукаючи їх виходити за рамки своїх звичних переконань і розширювати свої можливості. Це робить його не просто наставником, а справжнім ментором, здатним змінити життя людей на краще.

Через свої книги та професійну діяльність, Олександр продовжує надихати і підтримувати IT-фахівців на їхньому шляху до успіху, вносячи свій вклад у формування нового покоління лідерів у світі технологій.

Текст написано один з учнів автора,
який віддав перевагу залишитися анонімним.

Розділ 1: Перші кроки в управлінні IT

Ласкаво просимо до світу управління IT — сфери, де інновації зустрічаються з організацією, а технології служать засобом досягнення бізнес-цілей. Цей розділ призначений для тих, хто робить свої перші кроки на шляху до становлення менеджером IT. Ми розглянемо основи, які допоможуть вам зрозуміти, з чого почати та які навички потрібно розвивати вже зараз.

1.1 Розуміння ролі менеджера IT

Перед тим, як погрузитися у вивчення конкретних навичок та інструментів, важливо зрозуміти, що ж насправді робить менеджер IT. Ця роль вимагає не лише глибоких технічних знань, але й вміння управляти проектами, командами та володіти навичками міжособистісного спілкування.

Менеджери IT відіграють ключову роль у координації роботи розробників, тестувальників, дизайнерів та інших спеціалістів для досягнення спільних цілей проекту. Вони відповідальні за планування, бюджетування, визначення пріоритетів завдань та забезпечення своєчасного завершення проектів.

1.2 Навички, необхідні для успіху

Успішне управління в сфері IT вимагає як технічних, так і м'яких навичок. Ось деякі ключові навички, які вам знадобляться:

- **Технічні знання:** Розуміння основних принципів розробки програмного забезпечення, системного аналізу та управління даними.
- **Управління проектами**: Знання методологій та інструментів управління проектами, таких як Agile, Scrum чи Kanban.
- **Навички спілкування:** Здатність ефективно спілкуватися з командами, зацікавленими сторонами та клієнтами.
- **Розв'язання проблем:** Здатність аналізувати ситуації, знаходити та впроваджувати рішення складних питань.

У наступних розділах ми глибше зануримося в кожну з цих навичок та розглянемо, як їх розвивати.

1.3 Оволодіння технічними знаннями

На початку шляху технічні знання можуть здатися непереборною

перешкодою на шляху до кар'єри в управлінні IT. Однак, насправді, освоєння основних технічних принципів та концепцій не тільки можливе, але й критично важливе для успішного управління проектами та командами.

Що вивчати?

- **Основи програмування:** Розуміння принаймні однієї мови програмування, такої як Python або JavaScript, надасть вам уявлення про процеси розробки та допоможе в спілкуванні з вашою командою розробників.
- **Аналіз та проектування систем:** Знання принципів будівництва систем і архітектури допоможуть вам краще розуміти, як функціонують IT-проекти в цілому.
- Бази даних: Основи роботи з базами даних необхідні для розуміння того, як дані зберігаються, обробляються та використовуються в проекті.

Як вивчати?

Онлайн-курси та вебінари: Існує безліч онлайн-платформ, таких як Coursera, Udemy та edX, де ви можете знайти курси, присвячені основам програмування, аналізу систем та базам даних. Багато з цих курсів розроблені провідними університетами та технологічними компаніями, що забезпечує високу якість матеріалів.

- **Самонавчання:** Інтернет переповнений ресурсами для самонавчання. Блоги, форуми та відеоуроки на YouTube можуть бути відмінними помічниками у навчанні новій інформації. Головне тут — не боятися починати і бути готовим до того, що спочатку багато чого може здатися незрозумілим.

- **Практичні проекти:** Почніть з маленьких проектів або навіть академічних завдань, які можуть допомогти застосувати теоретичні знання на практиці. Це може бути створення простого веб-додатку або робота з базою даних. Справжній досвід — ось що дійсно допоможе вам зрозуміти, як застосовувати отримані знання.

1.4 Управління проектами: Перші кроки

Одна з ключових навичок, необхідних кожному менеджеру IT, — це здатність ефективно управляти проектами. Це включає планування, розподіл ресурсів, визначення пріоритетів завдань та нагляд за виконанням проекту.

Основи управління проектами

- **Методології:** Дізнайтеся про основні методології управління проектами, такі як Agile, Scrum та Kanban. Кожна з них має свої особливості та переваги залежно від типу проекту.

- **Інструменти управління проектами:** Існує багато інструментів, які можуть допомогти організувати роботу над проектом, такі як Trello, Jira та Asana. Вони допоможуть вам візуалізувати робочий процес, розподілити завдання та контролювати терміни.

- **Комунікація та координація роботи команди:** Навчіться ефективно спілкуватися з вашою командою та координувати їх роботу. Регулярні зустрічі, чітке визначення завдань та зворотній зв'язок є ключовими аспектами успішного управління проектами.

Ці перші кроки у світ управління IT — лише початок вашого шляху. Попереду глибокі знання та практичні навички, які не тільки зроблять вас менеджером, але й лідером, здатним очолювати команду та досягати високих результатів.

Як ми глибше занурюємось у тонкощі управління IT, подорож стає більш витонченою, вимагаючи поєднання стратегічного мислення, технічної майстерності та міжособистісних навичок для навігації у складностях сучасних технологічних середовищ.

Розділ 2: Формування ефективних команд в IT

2.1 Анатомія успішної IT-команди

Основою будь-якого успішного IT-проекту є добре структурована, згуртована команда. Але що робить команду ефективною? Це не просто збір групи кваліфікованих осіб; це створення синергії, де колективний результат перевищує суму індивідуальних зусиль.

Ключові компоненти успішної команди:

- **Різноманітність:** Поєднання навичок, досвіду та перспектив підвищує креативність та здатність вирішувати проблеми.
- **Чіткі ролі та обов'язки:** Кожен член команди розуміє свій специфічний внесок та те, як він вписується у загальний проект.
- **Відкрите спілкування:** Заохочуйте культуру, де відгуки вільно обмінюються, а виклики обговорюються відкрито без страху перед відплатою.
- **Взаємна повага:** Члени команди цінують внесок один одного та співпрацюють задля спільних цілей.

2.2 Лідерство в IT: Більше, ніж просто управління

У сфері IT лідерство виходить за рамки простого управління проектами. Це про надихання вашої команди, захист їхніх потреб та спонукання до інновацій.

Стати надихаючим лідером:

- **Бачення:** Поділіться чітким, переконливим баченням того, чого прагне досягти проект і чому це важливо.

- **Емпатія:** Розуміння індивідуальних потреб та мотивацій членів вашої команди для створення підтримуючого середовища.
- **Рішучість:** Швидко приймайте обізнані рішення та дотримуйтеся їх, створюючи відчуття стабільності та довіри в команді.
- Адаптивність: Будьте відкритими до нових ідей та готовими змінити стратегії у відповідь на змінні обставини або зворотній зв'язок.

2.3 Подолання викликів у IT-проектах

Навіть найкраще сплановані проекти можуть зіткнутися з несподіваними викликами. Від технічних затримок до розширення обсягу, ефективне управління IT включає в себе передбачення потенційних проблем і їх проактивне вирішення.

Стратегії подолання викликів проекту:

- **Управління ризиками:** Регулярно оцінюйте потенційні ризики та розробляйте плани на випадок непередбачених обставин.
- **Залучення зацікавлених сторін:** Тримайте зацікавлені сторони в курсі та залучені, забезпечуючи відповідність їхніх очікувань з прогресом проекту.
- **Гнучкі методології:** Впроваджуйте гнучкі практики, щоб підвищити гнучкість та реагування на зміни.
- **Постійне навчання:** Заохочуйте культуру постійного вдосконалення, де уроки, винесені з минулих проектів, застосовуються до майбутніх зусиль.

Посуваючись уперед у своїй кар'єрі управління IT, пам'ятайте, що ваша роль є багатогранною. Ви не просто наглядаєте за проектами, але й граєте ключову роль у формуванні майбутнього технологій та інновацій. Зосереджуючись на будівництві ефективних команд, втіленні надихаючого лідерства та вправному подоланні викликів проекту, ви створите основу для нагороджуваної та впливової кар'єри в управлінні IT.

Розділ 3: Освоєння комунікації та співпраці

3.1 Ефективна комунікація в IT-проектах

Комунікація є життєво важливою частиною будь-якого IT-проекту. Це не просто передача інформації; це забезпечення ясності, розуміння та узгодженості між усіма членами команди та зацікавленими сторонами.

Покращення навичок комунікації:

- **Активне слухання:** Заохочуйте відкритий діалог та дійсно слухайте ідеї та занепокоєння членів команди.
- **Чітке та лаконічне повідомлення:** Уникайте технічного жаргону, коли це можливо, особливо під час спілкування з зацікавленими сторонами, які не знайомі з IT-термінологією.
- **Регулярні оновлення:** Інформуйте всі сторони про прогрес проекту, зміни та виклики, щоб уникнути несподіванок.

3.2 Сприяння співпраці в різноманітних командах

Співпраця в IT вимагає більшого, ніж просто роботи разом; це використання сильних сторін кожного члена команди для досягнення спільної мети.

Стратегії зміцнення командної співпраці:

- **Командотворчі заходи:** Залучайтеся до вправ, які побудовують довіру та взаємну повагу між членами команди.
- **Інструменти для співпраці:** Використовуйте програмне забезпечення для управління проектами та співпраці, щоб оптимізувати робочі процеси та покращити синергію команди.
- **Вирішення конфліктів:** Своєчасно та конструктивно вирішуйте конфлікти, перетворюючи виклики на можливості для росту команди.

3.3 Роль емоційного інтелекту в управлінні IT

Емоційний інтелект (EI) є важливою навичкою для менеджерів IT, дозволяючи їм ефективно навігувати в міжособистісних динаміках і керувати з емпатією.

Розвиток емоційного інтелекту:

- **Самосвідомість:** Розумійте власні емоції, сильні та слабкі сторони, і впізнавайте їх вплив на інших.
- **Соціальна уважність:** Будьте уважні до почуттів та перспектив членів вашої команди, сприяючи створенню інклюзивного та підтримуючого робочого середовища.

- **Саморегуляція:** Контролюйте свої емоції та реакції, особливо у ситуаціях високого тиску, щоб зберегти професіоналізм та холоднокровність.
- Управління відносинами: Встановлюйте та підтримуйте позитивні відносини в команді та з зацікавленими сторонами, демонструючи емпатію та розуміння.

Розділ 4: Інновації та лідерство у впровадженні змін

4.1 Втілення інновацій в управлінні IT

У швидко змінюваному технологічному ландшафті залишатися на передовій вимагає прихильності до інновацій та готовності досліджувати нові ідеї.

Розвиток інноваційного мислення:

- **Заохочення експериментування:** Сприяйте культурі, де проби та помилки вважаються частиною навчального процесу.
- **Залишайтеся в курсі:** Слідкуйте за останніми технологічними трендами та розглядайте, як їх можна застосувати до ваших проектів.
- **Інноваційне вирішення проблем:** Заохочуйте творче мислення при вирішенні викликів, досліджуючи рішення за межами звичайного.

4.2 Лідерство у впровадженні змін в IT-проектах

Управління змінами є критично важливим аспектом управління IT, що включає ефективне керівництво вашою командою та зацікавленими сторонами через переходи.

Стратегії управління змінами:

- **Комунікація візії:** Чітко висловлюйте причини змін та переваги, які вони принесуть.
- **Залучення команди:** Залучайте членів команди до процесу змін, просіть їхню думку та вирішуйте їхні занепокоєння.
- **Нарощування імпульсу:** Відзначайте малі перемоги та прогрес у змінах, підвищуючи впевненість та ентузіазм.

4.3 Підготовка до майбутнього управління IT

Оскільки технології продовжують розвиватися, роль IT-менеджера також буде еволюціонувати. Залишатися адаптивним та постійно навчатися є ключем до майбутнього успіху.

Забезпечення майбутнього вашої кар'єри в управлінні ІТ:

- **Навчання на все життя:** Беріть на себе зобов'язання щодо постійної освіти, чи то через формальні курси, семінари чи самостійне вивчення.
- **Мережеве спілкування:** Створюйте міцну професійну мережу для обміну знаннями та отримання актуальної інформації про розвиток галузі.
- **Наставництво:** Шукайте наставників і ставайте одним із них, сприяючи культурі обміну знаннями та професійному зростанню.

Підсумовуючи, шлях до становлення ефективного менеджера ІТ є безперервним і багатогранним. Оволодівши мистецтвом комунікації, сприяючи співпраці, втілюючи інновації та очолюючи зміни, ви не тільки зможете навігувати у складнощах ІТ-світу, але й прокладете шлях до майбутнього, сповненого можливостей та досягнень.

Розділ 5: Стратегічне мислення та прийняття рішень

5.1 Розвиток стратегічного мислення

У швидкоплинному світі ІТ стратегічне мислення не є просто розкішшю; це необхідність. Воно включає погляд за межі повсякденної діяльності та розуміння ширшої картини того, як технології можуть сприяти бізнес-успіху.

Ключові елементи стратегічного мислення:

- **Далекоглядний прогноз:** Здатність передбачати майбутні технологічні тренди та їх потенційний вплив на індустрію.
- **Аналітичні навички:** Оцінка складних ситуацій або викликів для визначення найефективніших рішень.
- **Фокус на інноваціях:** Постійний пошук інноваційних способів поліпшення процесів, продуктів або послуг.

5.2 Ефективне прийняття рішень в ІТ

Прийняття рішень у менеджменті ІТ вимагає балансу між швидкістю та точністю. Йдеться про прийняття обізнаних виборів, які можуть призвести до успішних результатів, з одночасним мінімізуванням ризиків.

Покращення навичок прийняття рішень:

- **Підхід, заснований на даних:** Використання даних та аналітики для інформування рішень, забезпечуючи їх ґрунтування на міцних доказах.
- **Урахування інтересів зацікавлених сторін:** Розуміння потреб та очікувань різних зацікавлених сторін для керівництва процесами прийняття рішень.
- **Гнучкість:** Готовність адаптувати або змінювати рішення, коли з'являється нова інформація або змінюються обставини.

5.3 Подолання складнощів та невизначеності

ІТ-ландшафт характеризується своєю складністю та постійною невизначеністю технологічного розвитку. Володіння здатністю навігувати цими аспектами є критично важливим для будь-якого менеджера ІТ.

Стратегії управління складністю:

- **Спрощення:** Розбивання складних проектів або проблем на керовані частини.
- **Співпраця:** Використання колективних знань та навичок вашої команди для вирішення складних питань.

- **Неперервне навчання:** Залишайтеся в курсі нових технологій та методологій, щоб краще управляти та передбачати зміни.

Розділ 6: Розвиток стійкості та адаптивності

6.1 Розвиток стійкості в IT-командах

Стійкість — це здатність швидко відновлюватися після труднощів. У контексті IT це означає забезпечення адаптації вашої команди та продовження ефективної роботи у мінливих або складних умовах.

Сприяння культурі стійкої команди:

- **Підтримуюче середовище:** Створіть атмосферу підтримки, де члени команди почуваються цінними та зрозумілими.
- **Заохочення гнучкості:** Промотуйте серед членів команди мислення, спрямоване на гнучкість та відкритість до змін.
- **Розвиток навичок вирішення проблем:** Надайте вашій команді навички та ресурси, необхідні для ефективного розв'язання проблем.

6.2 Втілення адаптивності як ключової компетенції

У галузі, яка розвивається зі швидкістю блискавки, адаптивність є критичною компетенцією для будь-якого менеджера IT. Це про втілення змін та керівництво вашою командою через переходи з впевненістю.

Способи покращення адаптивності:

- **Залишайтеся зацікавленими:** Сприяйте культурі цікавості та неперервного навчання у вашій команді.
- **Часто експериментуйте:** Заохочуйте експерименти та ризик на шляху до інновацій та поліпшень.
- **Сприймайте невдачі як можливості:** Вважайте невдачі можливістю для росту та навчання, а не як зворотний крок.

На завершення, подорож через управління IT є водночас викликаючою та винагороджуючою. Зосереджуючись на стратегічному мисленні, прийнятті рішень, навігації складнощами та розвитку стійкості та адаптивності, ви не лише зможете йти в ногу з швидко змінюваним технологічним ландшафтом, але й вивести вашу команду на нові висоти успіху.

Розділ 7: Сприяння інноваціям та постійному вдосконаленню

7.1 Створення культури, спрямованої на інновації

Інновації не просто про наявність однієї чи двох проривних ідей; це про створення середовища, де інновації можуть безперервно процвітати. Культура, орієнтована на інновації, заохочує експериментування, цінує креативність і сприймає зміни як можливість для зростання.

Стратегії культивування інновацій:

- **Делегування повноважень:** Надайте членам команди автономію для дослідження нових ідей та власності на їхні проекти.
- **Винагорода за креативність:** Визнавайте та винагороджуйте інноваційні рішення та ризик, навіть якщо не кожна ініціатива призводить до успіху.
- **Спільні простори:** Заохочуйте міжфункціональну співпрацю для стимулювання різноманітних перспектив та інноваційних рішень.

7.2 Впровадження процесів постійного вдосконалення

Постійне вдосконалення — це безперервне зусилля з покращення продуктів, послуг або процесів. У менеджменті IT це означає постійний пошук способів збільшення ефективності, зменшення витрат та покращення якості та задоволення клієнтів.

Ключові аспекти постійного вдосконалення:

- **Зворотні зв'язки:** Встановіть механізми для регулярного зворотного зв'язку від клієнтів та членів команди для інформування про постійні покращення.
- **Принципи бережливості:** Застосовуйте бережливі методології для оптимізації процесів, усунення неефективностей та максимізації цінності.
- **Гнучкі практики:** Втілюйте гнучкі практики для покращення адаптивності та реагування на зміни.

7.3 Використання технологій для інновацій

Самі технології є потужним інструментом для сприяння інноваціям. Залишаючись на передовій технологічних трендів і використовуючи останні інструменти, менеджери IT можуть сприяти значному прогресу та конкурентним перевагам.

Технологічні тренди, за якими варто стежити:

- **Штучний інтелект та машинне навчання:** Використовуйте ШІ та машинне навчання для автоматизації процесів, покращення прийняття рішень та створення персоналізованих досвідів для клієнтів.
- **Хмарні обчислення:** Використовуйте хмарні сервіси для гнучкості, масштабованості та ефективності витрат.
- **Кібербезпека:** Надавайте пріоритет інноваціям у сфері кібербезпеки, щоб захистити дані та підтримувати довіру.

Розділ 8: Керівництво високоефективними IT-командами

8.1 Будівництво та підтримка високоефективних команд

Високоефективні команди є наріжним каменем успішних IT-проектів. Створення таких команд вимагає умисного підходу до набору, розвитку та лідерства.

Елементи високоефективних IT-команд:

- **Чіткі цілі та завдання:** Забезпечте, щоб кожен член команди розумів свою роль у досягненні цілей команди.
- **Сильне лідерство:** Надавайте візіонерське лідерство, яке мотивує та надихає членів команди демонструвати найкращі результати.
- **Відкрите спілкування:** Сприяйте атмосфері прозорості та відкритого спілкування.

8.2 Розвиток талантів та професійний ріст

Інвестування в професійний ріст членів вашої команди є критично важливим для підтримки високоефективної команди. Можливості для постійного навчання, наставництво та шляхи кар'єрного розвитку є ключовими.

Стратегії розвитку талантів:

- **Індивідуальні плани розвитку:** Працюйте з членами команди, щоб визначити кар'єрні цілі та створити індивідуальні плани розвитку.
- **Програми наставництва:** Створюйте програми наставництва для сприяння передачі знань та розвитку лідерських якостей.

- **Можливості для навчання:** Забезпечте доступ до тренінгів, семінарів та конференцій, щоб підтримувати навички в гостроті та актуальність знань.

Підсумовуючи, подорож через управління IT є постійною та динамічною. Сприяючи інноваціям, прагнучи до постійного вдосконалення, використовуючи технології та керуючи високоефективними командами, ви не тільки зможете навігувати у складнощах технологічного світу, але й формувати його майбутнє. Ця книга є вашим компасом у цій подорожі, керуючи вами стати ефективним лідером, який може надихати на зміни, сприяти прогресу та досягати тривалого успіху в постійно змінюваному IT-ландшафті.

Продовжимо нашу подорож крізь ландшафт управління IT з акцентом на критичних елементах, які сприяють сталому зростанню та лідерству.

Розділ 9: Використання даних для стратегічних усвідомлень

9.1 Сила аналітики даних

У цифрову епоху дані часто називають новою нафтою. Для менеджерів ІТ використання аналітики даних може надати глибокі усвідомлення поведінки клієнтів, ефективності операцій та ринкових тенденцій.

Використання даних для прийняття рішень:

- **Культура, заснована на даних:** Сприяйте середовищу, де рішення приймаються на основі даних, а не інтуїції.
- **Інструменти аналітики:** Використовуйте передові інструменти аналітики для інтерпретації складних наборів даних, виявляючи зразки та усвідомлення, які раніше не були очевидними.
- Прогнозне моделювання: Застосовуйте прогнозні моделі для прогнозування майбутніх тенденцій, дозволяючи проактивно коригувати стратегії.

9.2 Забезпечення якості та цілісності даних

Надійність рішень, заснованих на даних, прямо пов'язана з якістю даних. Забезпечення цілісності даних є важливим для будь-якої організації, яка прагне приймати обізнані рішення.

Стратегії підтримки якості даних:

- **Регулярні аудити:** Впроваджуйте рутинні перевірки для забезпечення точності та послідовності даних.
- Політики управління даними: Встановіть чіткі політики управління даними, які окреслюють, як дані збираються, зберігаються та підтримуються.
- Навчання та обізнаність: Освітіть членів команди щодо важливості якості даних та ролі, яку вони відіграють у її підтримці.

Розділ 10: Масштабування ІТ-операцій для зростання

10.1 Стратегічне масштабування ІТ-інфраструктури

Організації зростають, і відповідно зростає попит на їх ІТ-інфраструктуру. Стратегічне масштабування включає не тільки розширення потужностей, але й оптимізацію ефективності та гнучкості.

Основні аспекти для масштабування:

- **Хмарні обчислення:** Використовуйте хмарні рішення для масштабованої та гнучкої IT-інфраструктури.
- Автоматизація: Автоматизуйте рутинні завдання для підвищення ефективності та зниження ризику людської помилки.
- **Модульний дизайн:** Застосуйте модульний підхід до проектування систем, що дозволяє легше оновлювати та масштабувати.

10.2 Управління ризиками при масштабуванні

Розширення приносить нові виклики та ризики, особливо в сферах безпеки та стабільності системи. Управління цими ризиками є вирішальним для забезпечення безперебійної роботи.

Стратегії управління ризиками:

- **Всебічні заходи безпеки:** Впроваджуйте надійні протоколи безпеки, включаючи регулярні оновлення та патчі для захисту від кіберзагроз.
- **Тестування на навантаження:** Проводьте тестування на навантаження, щоб оцінити продуктивність системи в різних умовах стресу, забезпечуючи стабільність під час пікового використання.
- **Планування відновлення після катастроф:** Розробіть план відновлення після катастроф, щоб швидко відновити роботу в разі збою системи або витоку даних.

Висновок: Формування майбутнього управління IT

Роль менеджера IT є багатогранною, вимагаючи делікатного балансу між технічною експертизою, стратегічним баченням та лідерськими здібностями. Використовуючи дані для стратегічних усвідомлень, обдумано масштабуючи операції та навігуючи у складнощах сучасних IT-середовищ, ви можете направити свою організацію до сталого зростання та інновацій.

Оскільки технології продовжують еволюціонувати, так само будуть змінюватися й виклики та можливості, які вони представляють. Залишатися гнучким, постійно навчатися та приймати зміни не просто стратегії для успіху, але й вимоги для виживання та процвітання у динамічному світі управління IT.

Ця книга покликана бути вашим путівником у цій подорожі, пропонуючи усвідомлення, стратегії та натхнення для впевненого та вправного навігування у постійно змінюваному IT-ландшафті. Пам'ятайте, майбутнє IT не просто про управління технологіями, але про лідерство з баченням та надихання інших досягати їхнього повного потенціалу.

Як бонус, пропоную вам перелік кроків на шляху до успіху для як початківців, так і досвідчених професіоналів у пошуку роботи. Цей перелік надає чіткі інструкції та підкреслює критичну роль створення переконливого резюме — теми, яка буде детально розглянута у моїй наступній книзі. Ось план:

Перелік Кроків до Успіху у Пошуку Роботи

Розуміння Ваших Цілей:
- Визначте свої кар'єрні цілі та те, чого ви шукаєте у наступній ролі.
- Подумайте про свої навички та як вони відповідають вашим кар'єрним прагненням.

Навички та Досвід:
- Список ваших технічних навичок, лідерського досвіду та досягнень.
- Співставте свої навички з вимогами до роботи у бажаній галузі ІТ.

Мережеве Спілкування та Наставництво:
- Взаємодійте з професіоналами у бажаній галузі ІТ через мережеві заходи, онлайн-форуми та соціальні мережі.
- Шукайте наставництво у досвідчених осіб у сфері управління ІТ.

Навчання та Розвиток:
- Виділіть будь-які триваючі або завершені курси, пов'язані з управлінням ІТ.
- Демонструйте сертифікати або проекти, які підтверджують вашу прихильність до постійного навчання.

Створення Вашого Резюме:
- Переконайтеся, що ваше резюме чітко викладає ваші навички, досвід та досягнення.
- Адаптуйте своє резюме для кожної заявки, щоб відповідати конкретним вимогам роботи.
- (**Примітка:** Створення переконливого резюме є вирішальним для створення сильного першого враження. Більш детально ця тема розглядатиметься у моїй майбутній книзі, присвяченій створенню ефективних резюме.)

Підготовка до Співбесід:
- Ретельно дослідіть компанію та роль, на яку ви подаєтеся.
- Підготуйте відповіді на поширені питання на співбесіді та поясніть, як ваш досвід відповідає вимогам роботи.

Відстеження та зворотній зв'язок:
- Завжди відправляйте лист-подяку після співбесід.
- Шукайте зворотній зв'язок щодо вашої заявки або співбесіди, незалежно від результату.

Цей перелік виступає як путівник у складнощах ринку праці в IT-індустрії. Для більш детального дослідження створення резюме, яке виділяється та привертає увагу провідних IT-компаній, чекайте на мою майбутню книгу. Вона не лише доповнить усвідомлення, надане тут, але й надасть вам знання для створення резюме, які відкривають двері до захоплюючих кар'єрних можливостей.

Пам'ятайте, шлях до знаходження вашої ідеальної роботи в IT є стратегічним, вимагаючи ретельного планування, постійного вдосконалення та видатного резюме. Слідкуйте за випуском моєї наступної книги, яка занурить вас в мистецтво написання резюме, допомагаючи вам забезпечити вашу наступну роль в IT-індустрії.

Відкрийте для себе роботу вашої мрії в IT: Попереднє замовлення та трансформація вашого резюме вже сьогодні

Відкрийте секрети отримання роботи вашої мрії в IT з **"Як створити ваш ключ до успіху: Остаточний гід по написанню резюме для IT-фахівців"**. У сьогоднішньому конкурентному ринку праці видатне резюме - це не просто необхідність - це ваш перший крок до успіху. Цей всебічний посібник виходить за рамки основ, пропонуючи вам поради від інсайдерів, стратегії та техніки, спеціально адаптовані для IT-галузі.

Від розуміння того, що шукають менеджери з найму в IT, до ефективного висвітлення ваших технічних навичок та досягнень, ця книга охоплює все. Дізнайтеся, як:

- Навігувати нюанси написання резюме, специфічні для IT, включаючи те, як представляти складні проекти та технічні навички.
- Використовувати психологічні тригери, які виділять ваше резюме з купи інших.
- Адаптувати ваше резюме для різних IT-ролей, від посад початкового рівня до виконавчого керівництва.
- Використовувати силу ключових слів та SEO, щоб гарантувати виявлення вашого резюме в мережі.
- Уникати поширених помилок, які можуть відправити ваше резюме прямо до купи відхилень.

Але це ще не все - зробіть попереднє замовлення зараз і отримайте ексклюзивний доступ до прихованого контенту, який глибше занурюється в особистий брендинг, створення переможного профілю LinkedIn та стратегії використання вашої мережі під час пошуку роботи. Ці секрети, зарезервовані лише для ранніх покупців, дадуть вам непереможну перевагу у вашій IT-кар'єрі.

Не дозволяйте вашому резюме стати бар'єром між вами та вашою наступною IT-роллю. "Як створити ваш ключ до успіху" - це більше, ніж просто книга; це ваш план для створення незабутнього враження та забезпечення роботи вашої мрії. Замовляйте попередньо сьогодні та зробіть перший крок до трансформації вашої кар'єри.

www.ingramcontent.com/pod-product-compliance
Lightning Source LLC
Chambersburg PA
CBHW040311220526
45473CB00002B/635